La course
aux œufs

Illustrations
Marc Mongeau

Directrice de la collection
Denise Gaouette

MAXI Rat de bibliothèque

Catalogage avant publication de Bibliothèque et Archives nationales
du Québec et Bibliothèque et Archives Canada

Rondeau, Sophie

    La course aux œufs (MAXI Rat de bibliothèque ; 7)
    Pour enfants de 7 à 9 ans.

    ISBN 978-2-7613-2396-3

    I. Mongeau, Marc. II. Titre.
    III. Collection : MAXI Rat de bibliothèque (Saint-Laurent, Québec).

PS8635.O52C68 2007   jC843'.56   C2007-941103-7
PS9635.O52C68 2007

Éditrice : Johanne Tremblay
Réviseure linguistique : Nicole Côté
Directrice artistique : Hélène Cousineau
Conception graphique et édition électronique : Isabel Lafleur

ÉDITIONS DU RENOUVEAU PÉDAGOGIQUE INC.

5757, RUE CYPIHOT, SAINT-LAURENT (QUÉBEC) H4S 1R3
TÉLÉPHONE : (514) 334-2690   TÉLÉCOPIEUR : (514) 334-4720
erpidlm@erpi.com   www.erpi.com

Dépôt légal — Bibliothèque et Archives nationales du Québec, 2007
Dépôt légal — Bibliothèque et Archives Canada, 2007

Imprimé au Canada   1234567890 HLN 0987
ISBN 978-2-7613-2396-3   11603 ABCD   C016

Les lieux visités par Max-Émile Savarin pour trouver ses œufs

L'épicerie

Le marché

Le poulailler

Chapitre 1
Une fête se prépare

C'est le neuvième anniversaire de la princesse Rose-Émilie. Toutes les maisons du royaume sont décorées de banderoles multicolores. Même le soleil participe à la fête.

Le roi et la reine ont organisé un grand bal. Ils ont invité les jeunes princes et les jeunes princesses des royaumes avoisinants. Il y aura un somptueux buffet, des jongleurs et des acrobates. Un dompteur fera même un numéro spécial avec des autruches apprivoisées.

Les couturiers les plus célèbres du royaume ont confectionné une magnifique robe pour la princesse. Mille diamants ont été cousus un par un sur sa robe! Lorsque la princesse ouvrira le bal, ce sera un spectacle éblouissant.

Aux cuisines, Max-Émile Savarin, le pâtissier du roi, s'apprête à faire un gâteau digne de la plus merveilleuse des princesses.

Gâteau au chocolat
et son coulis de framboises

Ingrédients

- Farine
- Beurre
- Lait
- Sucre

- Chocolat
- Vanille
- Levure
- Framboises

CACAO

FARINE

SUCRE

Chapitre 2
Vite, aux fourneaux !

Max-Émile Savarin relit encore une fois la recette du gâteau pour être certain d'avoir tous les ingrédients.

— Parfait ! dit-il, satisfait.

Ensuite, le pâtissier s'assure d'avoir tous les accessoires : un grand bol, une tasse à mesurer, une cuillère de bois et un immense moule à gâteau.
— Je peux maintenant commencer, dit-il avec un grand sourire.

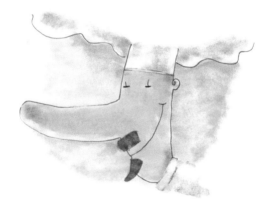

Le pâtissier mesure, verse et mélange les premiers ingrédients dans le grand bol. Tout à coup, il sursaute. Le sac de farine, posé sur son livre de recettes, cachait un des ingrédients : les œufs. Pour faire son succulent gâteau au chocolat, le pâtissier du roi a besoin de douze œufs.

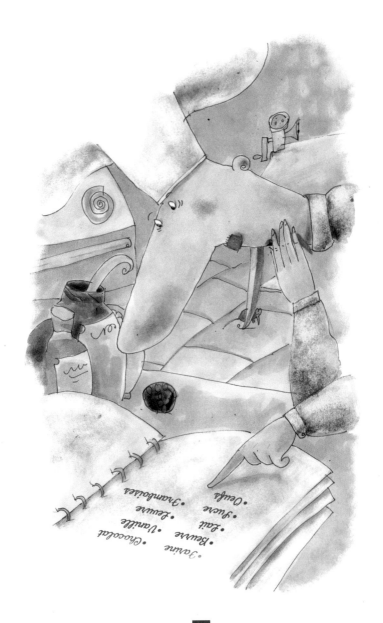

Vite, vite, vite, le pâtissier court à son réfrigérateur pour vérifier s'il a bien douze œufs.

Malheur de malheur ! Il ne reste plus que deux œufs. Que va-t-il faire ? Le gâteau de la princesse doit être prêt avant la fin de la journée.

En vitesse, le pâtissier enlève son tablier. Il doit trouver rapidement les dix œufs qui lui manquent. Sinon, la fête de la princesse sera gâchée.

Chapitre 3
Vite, à l'épicerie !

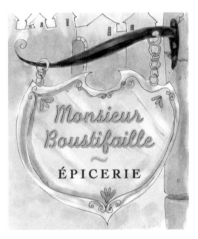

Max-Émile Savarin sort du château. Il marche à grands pas vers l'épicerie de monsieur Boustifaille.

Arrivé devant la grosse enseigne dorée, Max-Émile Savarin reprend son souffle.

En voyant le pâtissier du roi, l'épicier s'exclame :

— Bonjour, monsieur Savarin ! Que puis-je faire pour vous ?

— Je… je… je viens chercher des œufs. J'ai besoin de dix œufs pour faire le gâteau d'anniversaire de la princesse Rose-Émilie, répond le pauvre pâtissier, embarrassé.

— Entrez ! Entrez ! J'ai sûrement ce qu'il vous faut.

Max-Émile Savarin va avec l'épicier jusqu'aux réfrigérateurs. Malheur de malheur! Il ne reste plus que trois œufs. L'épicier est désolé.

— Le fermier devait me livrer des œufs ce matin, mais il est en congé pour l'anniversaire de la princesse. Prenez au moins ces trois œufs. Vous trouverez peut-être vos autres œufs au marché.

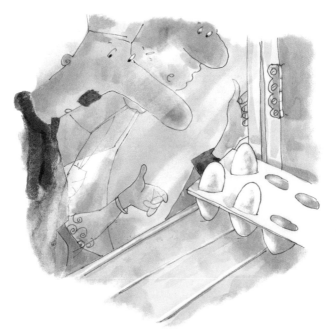

Chapitre 4
Vite, au marché !

Max-Émile Savarin reprend vite sa course aux œufs. Le marché est situé à l'autre bout du village. Il faut beaucoup de temps pour s'y rendre.

Praline, qui roule à vélo, dépasse Max-Émile Savarin. Praline vient parfois aider le pâtissier aux cuisines. Max-Émile Savarin a une bonne idée.
— Praline! Praline! crie-t-il. J'ai un grand service à te demander. Si tu acceptes de m'aider, tu auras le droit de goûter à tous mes desserts.

Praline est très gourmande. Ses yeux s'illuminent.

— Est-ce que tu veux me prêter ton vélo ? demande Max-Émile Savarin.

— Oh ! Mais bien sûr ! répond Praline tout excitée.

Max-Émile Savarin dépose ses trois œufs dans le panier à l'avant du vélo. Il monte en selle et fonce à toute allure vers le marché.

Une dizaine de minutes plus tard, tout essoufflé, le pâtissier arrive au marché. Sous un grand chapiteau, les fermiers ont chacun leur étalage. Monsieur Potiron vend des légumes frais. Madame Violette et monsieur Citronnelle vendent des fleurs et des fines herbes. Monsieur Raclette vend du fromage. Et madame Ricoco vend des œufs.

Max-Émile Savarin se dirige vers la table de madame Ricoco. Malheur de malheur ! Il n'y a personne.

— Où est madame Ricoco ? demande le pâtissier.

— Madame Ricoco est très malade, répond la fille de monsieur Potiron. Elle n'est pas ici aujourd'hui.

Max-Émile Savarin est découragé. Il s'écroule par terre et sanglote.

— Je ne réussirai jamais à trouver les œufs qui me manquent pour faire le gâteau de la princesse.

— Il vous faut des œufs ? intervient monsieur Potiron.

— Il me manque sept œufs, répond le pâtissier, désespéré.

— Allez trouver madame Coquelet. Elle élève des poules. Elle habite un peu à l'extérieur du village, tout près de la rivière. Au 4444, chemin du Pied-de-Poule.

Max-Émile Savarin repart vite à vélo.

Chapitre 5
Vite, au poulailler !

Max-Émile Savarin pédale à toute vitesse. Il n'a pas de temps à perdre. Il passe devant la confiserie, la quincaillerie, l'église, le bureau de poste et l'école.

À peine quelques minutes plus tard, Max-Émile Savarin s'arrête devant le 4444, chemin du Pied-de-Poule. Dehors, une vieille dame donne des graines à ses poules, à ses cailles et à ses oies.

— Bonjour, madame Coquelet! Je suis Max-Émile Savarin, le pâtissier du roi. J'ai besoin de sept œufs pour faire le gâteau d'anniversaire de la princesse Rose-Émilie, dit poliment le pâtissier.

Madame Coquelet s'empresse de lui répondre :

— Venez, monsieur Savarin. Nous allons ramasser ensemble les œufs qui vous manquent.

Max-Émile Savarin va avec madame Coquelet dans le poulailler. Aussitôt, il trouve un gros œuf.

— Et de un ! dit-il joyeusement.

Mais, que se passe-t-il ? Le gros œuf
bouge. Il craque. On dirait qu'il est
vivant. Quelques secondes plus tard,
un petit poussin tout jaune et tout
fripé sort de l'œuf.

« Cet œuf ne se retrouvera pas dans
mon gâteau au chocolat ! » pense le
pâtissier, déçu.

Madame Coquelet fouille dans tous les nids. Elle trouve les sept œufs qui manquent au pâtissier. *Hourra!* Max-Émile Savarin est si content qu'il se met à danser.

— Merci de tout mon cœur, madame Coquelet! dit le pâtissier en partant.

Max-Émile Savarin dépose les sept derniers œufs dans le panier du vélo. Puis il remonte en selle et se faufile à toute allure entre les passants et les voitures.

Chapitre 6
Trop vite !

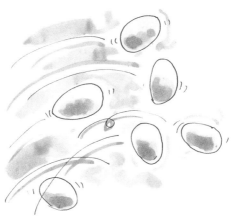

Max-Émile Savarin sourit. Il a ses douze œufs. C'est presque trop beau pour être vrai.

Le château est là, au bout de la rue. Enfin ! Un dernier virage et… *bang !* Malheur de malheur ! Le vélo heurte de plein fouet un gros clown.

Le vélo se renverse. Tous les œufs
s'écrasent sur le trottoir. *Crac ! crac !
crac !* Le pâtissier est sous le choc.
Deux grosses larmes coulent sur ses
joues.

— Oh ! dit le clown. Je suis désolé. Je
ne vous avais pas vu. Vous ne vous
êtes pas fait mal, monsieur Savarin ?
— Non. C'est ma faute. Je roulais
trop vite. J'avais enfin trouvé les
douze œufs qui me manquaient pour
faire le gâteau de la princesse. Mais
tout est fini maintenant.

— Attendez ! s'écrie aussitôt le clown. J'ai une idée. Retournez vite à vos cuisines. Je vais vous rejoindre dans quelques minutes.

Sans entrain, Max-Émile Savarin retourne aux cuisines du château. Qui pourrait trouver, en quelques minutes à peine, les œufs qui lui manquent ?

Chapitre 7

Des œufs remarquables

Le clown entre fièrement dans les cuisines du pâtissier avec deux œufs immenses. Ces œufs sont les plus gros œufs que Max-Émile Savarin ait jamais vus.

Le clown tend les œufs au pâtissier.

— Que diriez-vous de préparer votre gâteau avec des œufs d'autruche ?

— Des œufs d'autruche ! s'exclame le pâtissier.

— Oui ! Ce soir, un dompteur va faire un numéro spécial avec des autruches apprivoisées. Et justement, ce matin, ses autruches ont pondu ces deux œufs. Le dompteur vous les offre avec plaisir.

Max-Émile Savarin sert très fort le gros clown dans ses bras.

— C'est merveilleux ! Je n'ai plus une minute à perdre. Je dois faire tout de suite le gâteau d'anniversaire de la princesse Rose-Émilie.

Ce soir-là, la fête est grandiose. Tout le monde ne parle que du superbe gâteau d'anniversaire de la princesse Rose-Émilie.

— Quel gâteau magnifique !

— Quel gâteau savoureux !

— Quel délice !

— Monsieur Savarin est le meilleur pâtissier de tous les royaumes.

La princesse reprend même un deuxième morceau de gâteau au chocolat.

Mais Max-Émile Savarin n'entend aucun des compliments. Épuisé par la course folle de la journée, il ronfle, appuyé confortablement contre une patte de table, dans les cuisines du château : *Zzzzzzzz… rrrrronnnnn… zzzzzzzz…*

Et le célèbre pâtissier rêve…

Table des matières

1 Une fête se prépare 5

2 Vite, aux fourneaux ! 9

3 Vite, à l'épicerie ! 15

4 Vite, au marché ! 19

5 Vite, au poulailler ! 27

6 Trop vite ! 33

7 Des œufs remarquables 37

Max-Émile Savarin rencontre
plusieurs personnes sur son chemin.
Trouve à quel endroit le pâtissier
rencontre chaque personne.
Associe ce qui va ensemble.

1 monsieur Citronnelle

2 madame Coquelet

3 un gros clown

4 la princesse Rose-Émilie

5 monsieur Boustifaille

6 Praline

7 madame Violette

8 les jongleurs

9 monsieur Raclette

A au château

B à l'épicerie

C au marché

D au poulailler

E sur la route

44

L'auteure donne à ses personnages
des noms reliés à leur métier.

- un pâtissier :
  monsieur Savarin
- un épicier :
  monsieur Boustifaille
- un vendeur de légumes :
  monsieur Potiron
- une vendeuse de fleurs :
  madame Violette
- un vendeur de fines herbes :
  monsieur Citronnelle
- un vendeur de fromage :
  monsieur Raclette
- une vendeuse d'œufs :
  madame Ricoco
- une éleveuse de poules :
  madame Coquelet

Fais une liste de 10 métiers
ou professions.
Trouve un nom amusant
pour chaque personne.

EXEMPLES

- une couturière : *madame Plume*
- un coiffeur : *monsieur Frisette*

La vie de château

Plusieurs personnes peuvent vivre
dans un château : un roi, une reine,
des princes, des princesses,
un fou du roi, etc.

Prépare une exposition de dessins
de costumes royaux.

- Fais une recherche
  sur les costumes royaux.
  Consulte des livres,
  des encyclopédies,
  des dictionnaires ou Internet.

- Dessine les vêtements
  et les accessoires.

- Complète tes dessins
  avec des matériaux recyclés.
  EXEMPLES

  du tissu, des rubans, de la fourrure,
  des boutons, du papier de soie

- Écris le nom de chaque personnage.
  EXEMPLES

  une comtesse, un soldat, un bouffon

Présente ton exposition à tes amis.

Miam! Quel bon dessert!

Max-Émile Savarin est un pâtissier.
Expérimente à ton tour
le métier de pâtissier.

Prépare un dessert
pour tes amis.

- Choisis, avec tes parents,
  le dessert que tu veux faire.

  EXEMPLES

  un gâteau, des biscuits,
  une tarte, des carrés aux fruits

- Consulte des livres de recettes
  ou Internet pour trouver une recette.

- Assure-toi que tu as
  tous les ingrédients.

- Assure-toi aussi que tu as
  tous les accessoires : une cuillère,
  un bol, une tasse à mesurer, etc.

- Prépare ton dessert.

Petites charades

Écris sur une feuille ou dans un cahier.

Mon premier est une fleur.
Mon deuxième est une voyelle avec un accent aigu.
Mon troisième est une note de musique.
Mon quatrième est un meuble de chambre à coucher.
Mon tout est le nom d'un personnage de l'histoire.

Mon premier recouvre les os.
Mon deuxième est la deuxième syllabe du mot **petite**.
Mon troisième a la forme d'une roue.
Mon tout est le nom d'un personnage de l'histoire.

Mon premier est une partie du corps.
Mon deuxième est la première syllabe du mot **demande**.
Mon troisième est un animal de la ferme.
Mon tout est le nom d'un chemin de l'histoire.